AF205624

Impressum
Verlag: BABADADA GmbH, Nedderfeld 112 , 22529 Hamburg
Geschäftsführer / Verlagsleitung: Harald Hof
Druck: Books on Demand GmbH, In de Tarpen 42, 22848 Norderstedt

Imprint
Publisher: BABADADA GmbH, Nedderfeld 112 , 22529 Hamburg, Germany
Managing Director / Publishing direction: Harald Hof
Print: Books on Demand GmbH, In de Tarpen 42, 22848 Norderstedt

l'école

school

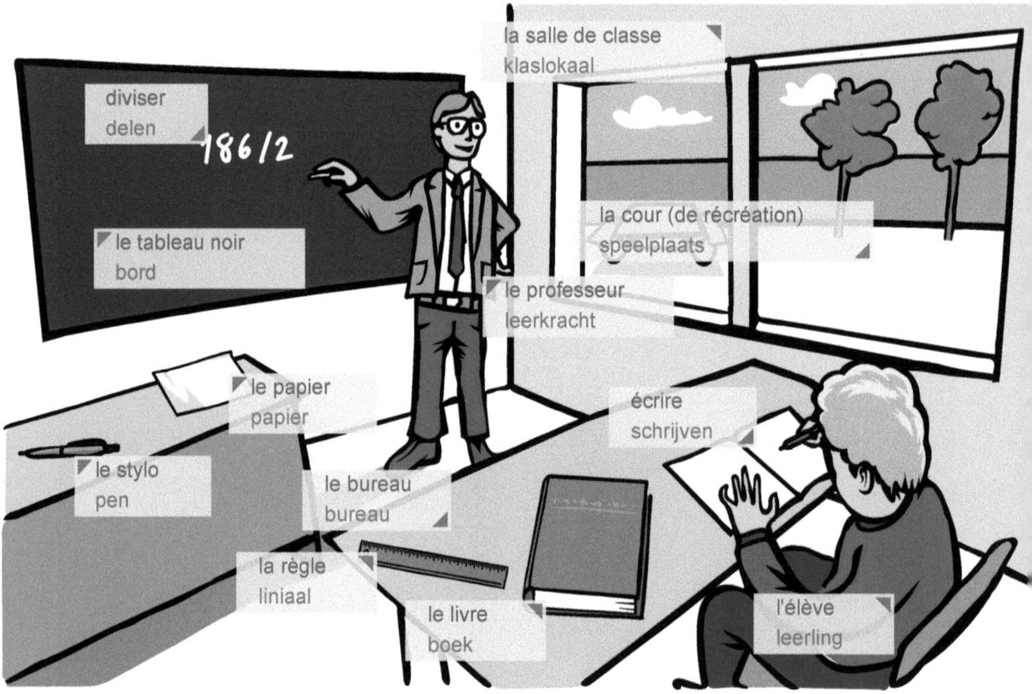
la salle de classe
klaslokaal
diviser
delen
186/2
le tableau noir
bord
la cour (de récréation)
speelplaats
le professeur
leerkracht
le papier
papier
écrire
schrijven
le stylo
pen
le bureau
bureau
la règle
liniaal
le livre
boek
l'élève
leerling

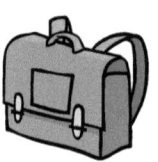

le cartable
schooltas

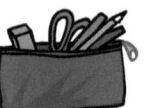

la trousse
pennenzak

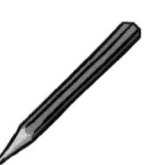

le crayon
potlood

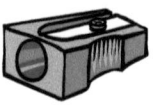

le taille-crayon
puntenslijper

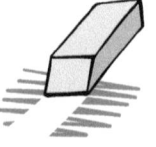

la gomme
gom

le carnet à dessin
tekenblok

le dessin

tekening

le pinceau

verfborstel

la boîte de peinture

verfdoos

les ciseaux

schaar

la colle

lijm

le cahier d'exercices

werkboek

les devoirs

huiswerk

12

le chiffre

nummer

2+2

additionner

optellen

5-2

soustraire

aftrekken

2×2

multiplier

vermenigvuldigen

calculer

rekenen

A

la lettre

letter

ABCDEFG HIJKLMN OPQRSTU VWXYZ

l'alphabet

alfabet

hello

le mot

woord

le texte
tekst

lire
Lezen

la craie
krijt

la leçon
les

le livre de classe
klassenboek

l'examen
examen

le certificat
certificaat

l'uniforme scolaire
schooluniform

la formation
onderwijs

le lexique
encyclopedie

l'université
universiteit

le microscope
microscoop

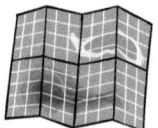

la carte
kaart

la corbeille à papier
papiermand

l'école - school

le voyage
reis

l'hôtel
hotel
Grand
l'auberge
jeugdherberg
ROOMS
EXCHANGE
le bureau de change
wisselkantoor
la valise
koffer
la voiture
auto

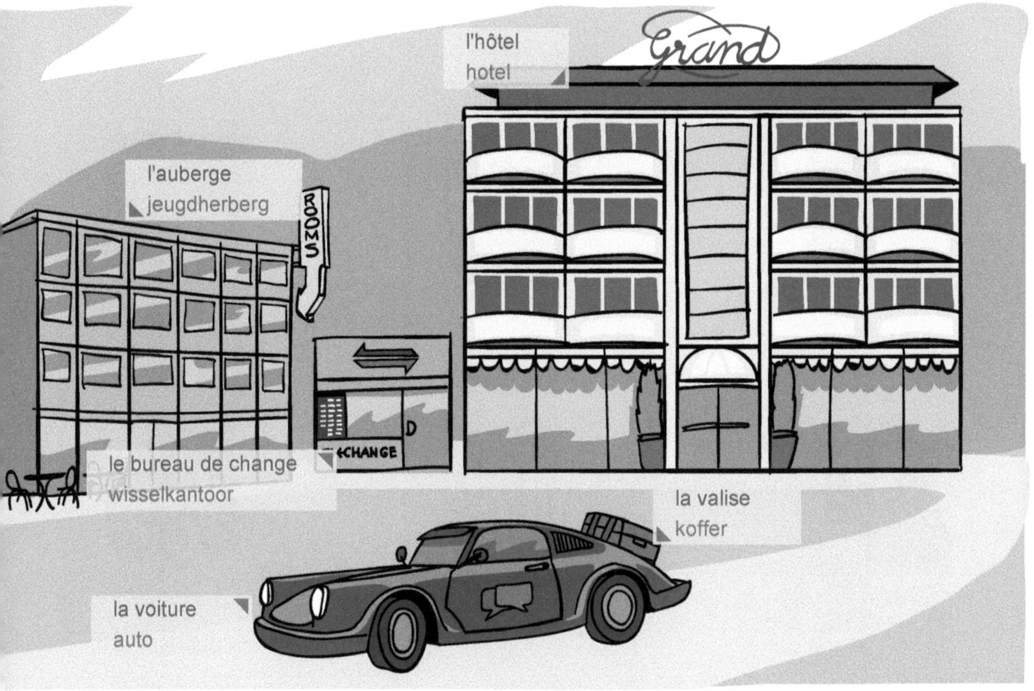

la langue
Taal

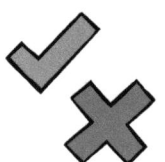

oui / non
ja / nee

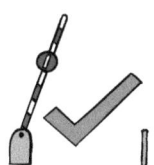

d'accord
oké

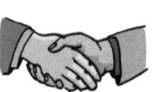

Salut
hallo

l'interprète
vertaler

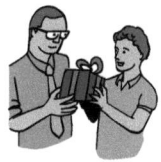

merci
bedankt

Combien coûte...?

Hoeveel kost ...?

Je ne comprends pas

Ik begrijp het niet

le problème

probleem

Bonsoir !

Goedenavond!

Bonjour !

Goedemorgen!

Bonne nuit !

Goedenavond!

Au revoir

Tot ziens

la direction

richting

les bagages

bagage

le sac

zak

le sac-à-dos

rugzak

l'hôte

gast

la pièce

kamer

le sac de couchage

slaapzak

la tente

tent

l'office de tourisme

toeristeninformatie

la plage

strand

la carte de crédit

kredietkaart

le petit-déjeuner

ontbijt

le déjeuner

lunch

le dîner

avondeten

le billet

ticket

l'ascenseur

lift

le timbre

postzegel

la frontière

grens

la douane

douane

l'ambassade

ambassade

le visa

visum

le passeport

paspoort

le transport

transport

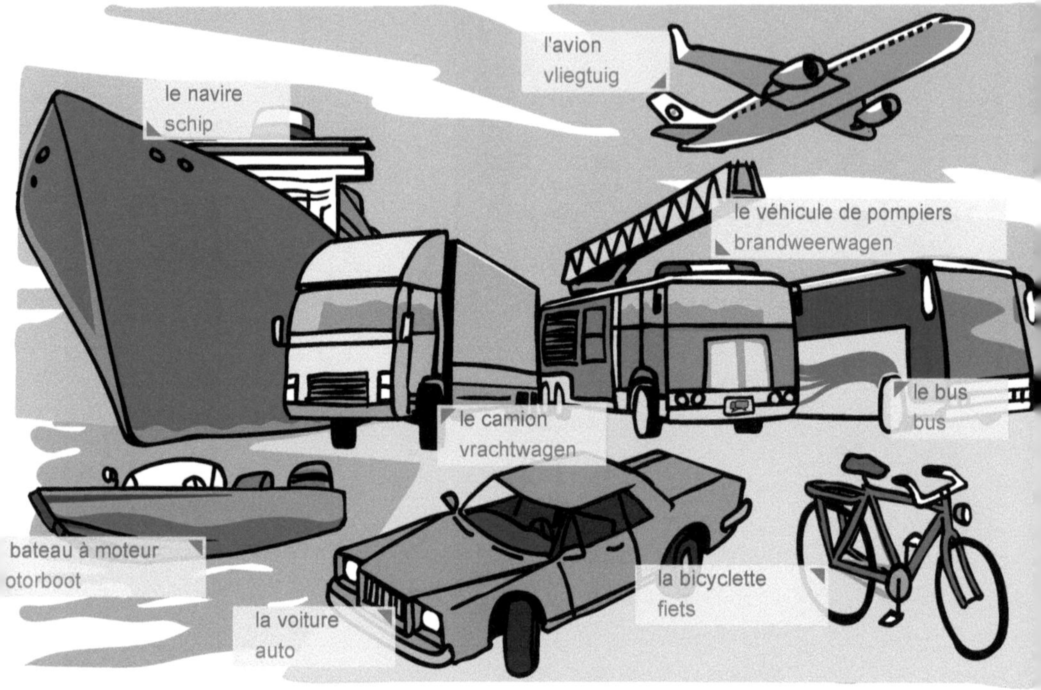

l'avion
vliegtuig
le navire
schip
le véhicule de pompiers
brandweerwagen
le bus
bus
le camion
vrachtwagen
bateau à moteur
otorboot
la bicyclette
fiets
la voiture
auto

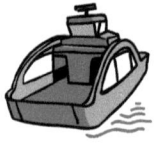

le ferry

veerboot

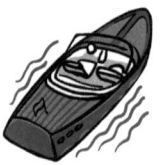

la barque

boot

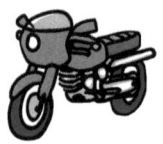

la moto

motor

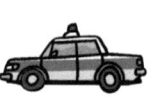

la voiture de police

politiewagen

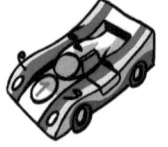

la voiture de course

racewagen

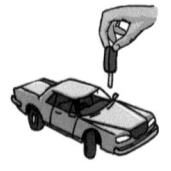

la voiture de location

huurauto

l'auto-partage

carpoolen

la voiture de remorquage

sleepwagen

la benne à ordures

vuilniswagen

le moteur

motor

l'essence

benzine

la station d'essence

benzinestation

le panneau indicateur

verkeersbord

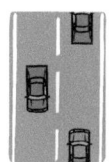

le trafic

verkeer

l'embouteillage

file

le parking

parkeerplaats

la gare

station

les rails

sporen

le train

trein

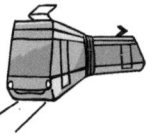

le tramway

tram

le wagon

wagon

le transport - transport

l'hélicoptère

helikopter

l'aéroport

luchthaven

la tour

toren

le passager

passagier

le conteneur

container

le carton

karton

le chariot

kar

la corbeille

mand

décoller / atterrir

opstijgen / landen

la ville

stad

le village

dorp

le centre-ville

stadscentrum

la maison

huis

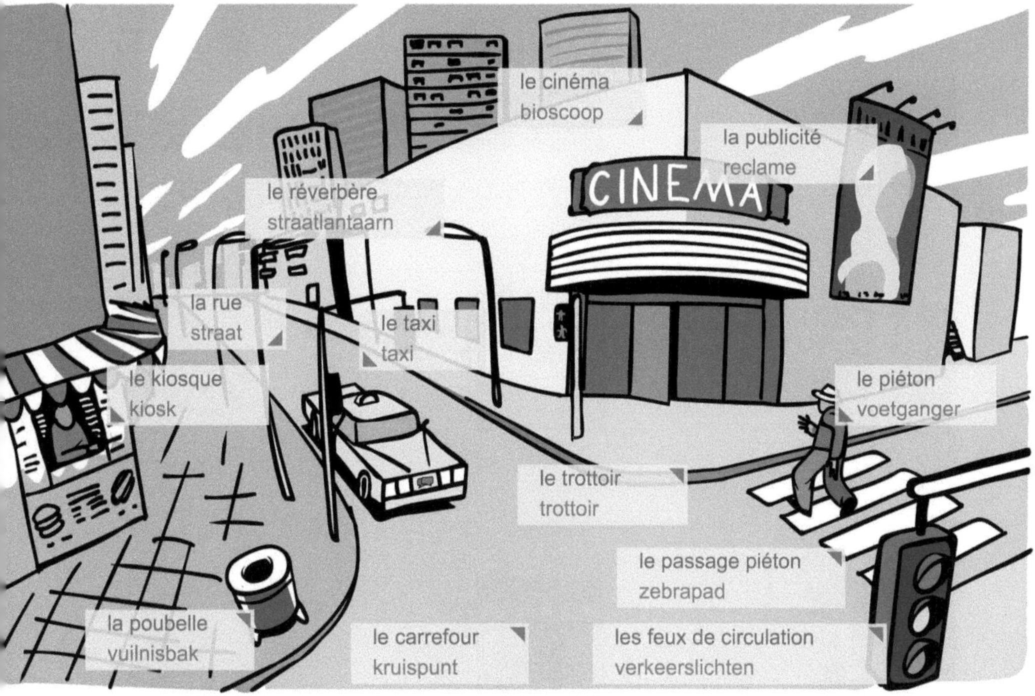
CINEMA
le cinéma
bioscoop
la publicité
reclame
le réverbère
straatlantaarn
la rue
straat
le taxi
taxi
le kiosque
kiosk
le piéton
voetganger
le trottoir
trottoir
le passage piéton
zebrapad
la poubelle
vuilnisbak
le carrefour
kruispunt
les feux de circulation
verkeerslichten

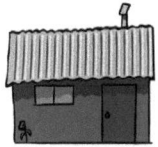

la cabane

hut

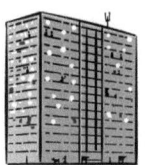

l'appartement

woning

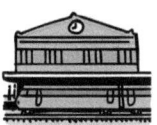

la gare

station

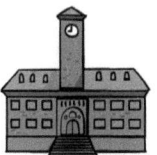

la mairie

stadshuis

MUSEUM

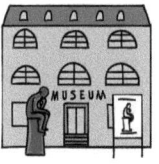

le musée

museum

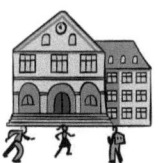

l'école

school

l'université

universiteit

la banque

bank

l'hôpital

ziekenhuis

l'hôtel

hotel

la pharmacie

apotheek

le bureau

kantoor

la librairie

boekwinkel

le magasin

winkel

le fleuriste

bloemenwinkel

le supermarché

supermarkt

le marché

markt

le grand magasin

warenhuis

la poissonnerie

vishandelaar

le centre commercial

winkelcentrum

le port

haven

le parc

park

la banque

bank

le pont

brug

les escaliers

trap

le métro

metro

le tunnel

tunnel

l'arrêt de bus

bushalte

le bar

bar

le restaurant

restaurant

la boîte à lettres

brievenbus

le panneau indicateur

straatnaambord

le parcmètre

parkeermeter

le zoo

zoo

le réverbère

zwembad

la mosquée

moskee

la ferme
boerderij

la pollution
milieuverontreiniging

la cimetière
kerkhof

l'église
kerk

l'aire de jeux
speelplaats

le temple
tempel

le paysage
landschap

la feuille
blad

le panneau indicateur
wegwijzer

le chemin
weg

le pré
weide

la pierre
steen

l'arbre
boom

le randonneur
wandelaar

la rivière
rivier

l'herbe
gras

la fleur
bloem

la vallée

vallei

la montagne

heuvel

le lac

meer

la forêt

bos

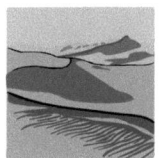

le désert

woestijn

le volcan

vulkaan

le château

kasteel

l'arc-en-ciel

regenboog

le champignon

paddenstoel

le palmier

palmboom

le moustique

mug

la mouche

vlieg

les fourmis

mier

l'abeille

bijl

l'araignée

spin

le coléoptère

kever

la grenouille

kikker

l'écureuil

eekhoorn

le hérisson

egel

le lièvre

haas

la chouette

uil

l'oiseau

vogel

le cygne

zwaan

le sanglier

wild zwijn

le cerf

hert

l'élan

eland

le barrage

dam

l'éolienne

windturbine

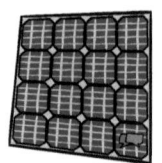

le panneau solaire

zonnepaneel

le climat

klimaat

le paysage - landschap

le restaurant
restaurant

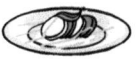

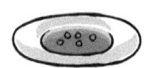

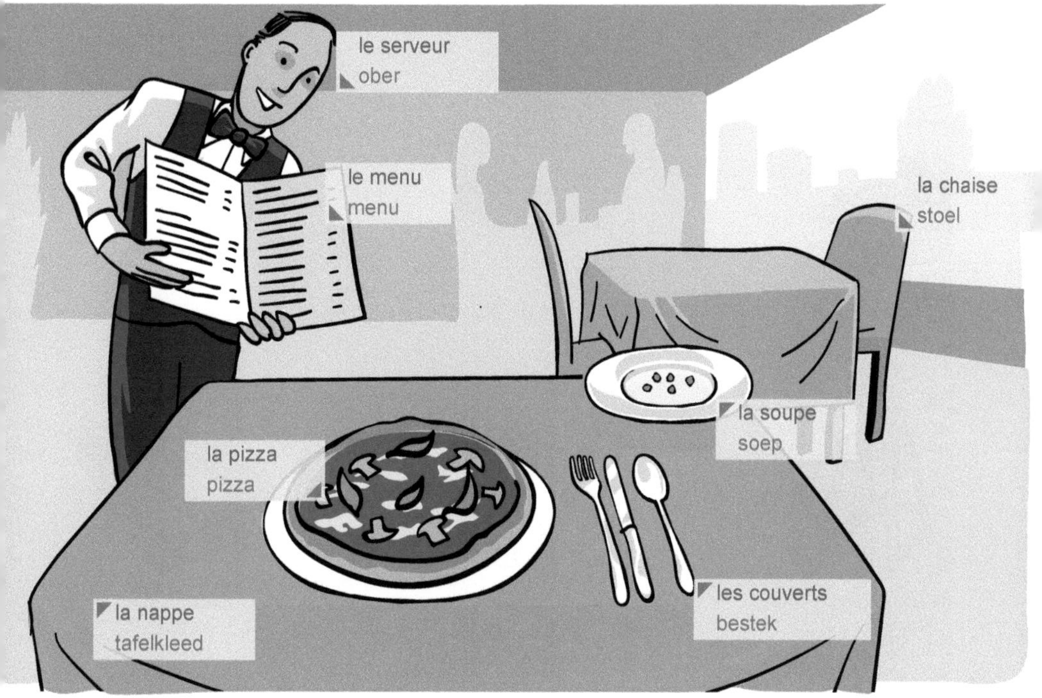
le serveur
ober
le menu
menu
la chaise
stoel
la soupe
soep
la pizza
pizza
les couverts
bestek
la nappe
tafelkleed

les hors d'œuvre

voorgerecht

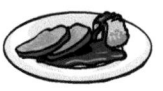

le plat principal

hoofdgerecht

le dessert

nagerecht

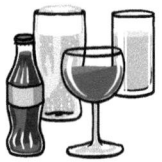

les boissons

drankjes

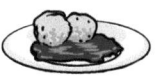

l'alimentation

eten

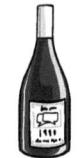

la bouteille

fles

le fast-food

fastfood

les plats à emporter

street food

la théière

theepot

le sucrier

suikerpot

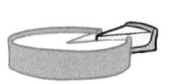

la portion

portie

la machine à expresso

espressomachine

la chaise haute

kinderstoel

la facture

rekening

le plateau

dienblad

le couteau

mes

la fourchette

vork

la cuillère

lepel

la cuillère à thé

theelepel

la serviette

serviette

le verre

glas

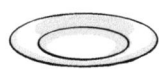

l'assiette

bord

l'assiette à soupe

soepbord

la soucoupe

schoteltje

la sauce

saus

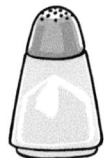

la salière

zoutvatje

le moulin à poivre

pepermolen

le vinaigre

azijn

l'huile

olie

les épices

kruiden

le ketchup

ketchup

la moutarde

mosterd

la mayonnaise

mayonaise

le supermarché
supermarkt

l'offre promotionnelle
aanbieding
le client
klant
FOR
les produits laitiers
zuivelproducten
les fruits
fruit
le chariot
winkelwagen

BUTCHERS

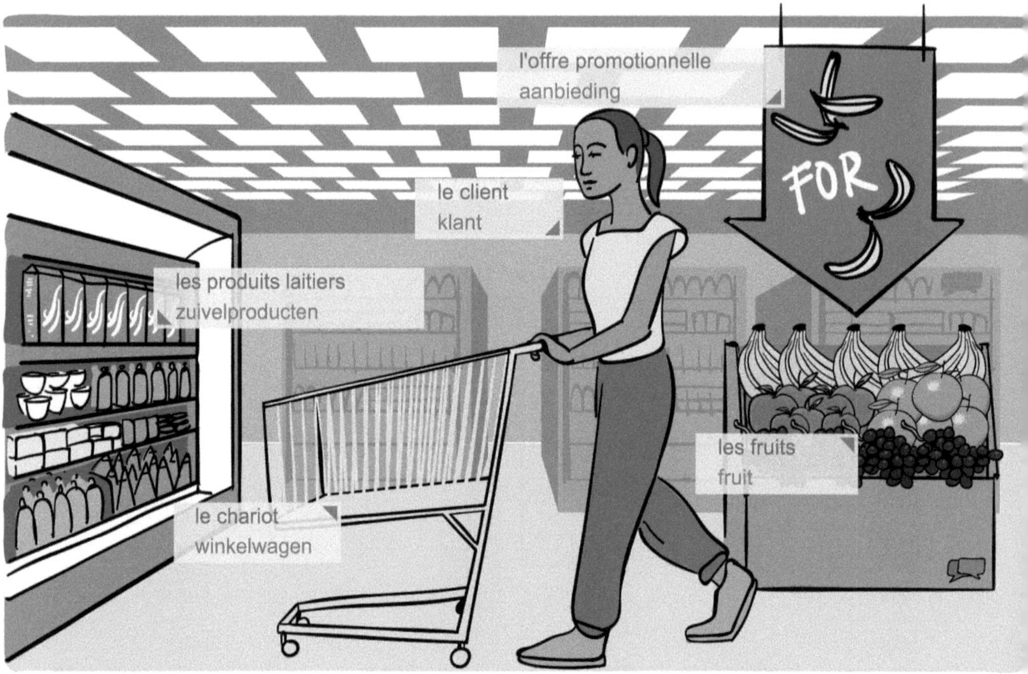

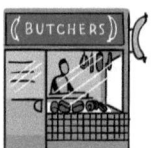

la boucherie

slagerij

BAKERY

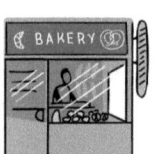

la boulangerie

bakkerij

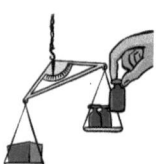

peser

wegen

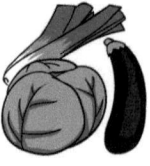

les légumes

groenten

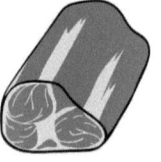

la viande

vlees

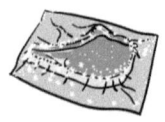

les aliments surgelés

diepvriesvoedsel

la charcuterie

charcuterie

les conserves

conserven

la poudre à lessive

waspoeder

les bonbons

snoep

les articles ménagers

huishoudproducten

les détergents

schoonmaakproducten

la vendeuse

verkoopster

la caisse

kassa

le caissier

kassier

la liste d'achats

boodschappenlijstje

les heures d'ouverture

openingstijden

le portefeuille

portefeuille

la carte de crédit

kredietkaart

le sac

tas

le sac en plastique

plastieken zakje

l'eau

water

le jus de fruit

sap

le lait

melk

le coca

cola

le vin

wijn

la bière

bier

l'alcool

alcohol

le chocolat chaud

cacao

le thé

thee

le café

koffie

l'expresso

espresso

le cappuccino

cappuccino

la banane

banaan

la pomme

appel

l'orange

sinaasappel

le melon

meloen

le citron.

citroen

la carotte

wortel

l'ail

knoflook

le bambou

bamboe

l'oignon

ajuin

le champignon

champignon

les noisettes

noten

les pâtes

noodles

les spaghetti

spaghetti

le riz

rijst

la salade

salade

les pommes frites

frieten

les pommes de terre rôties

gebakken aardappelen

la pizza

pizza

le hamburger

hamburger

le sandwich

sandwich

l'escalope

kalfslapje

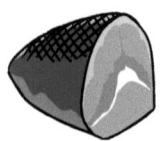

le jambon

ham

le salami

salami

la saucisse

worst

le poulet

kip

le rôti

braden

le poisson

vis

les flocons d'avoine

havervlokken

le muesli

muesli

les cornflakes

cornflakes

la farine

bloem

le croissant

croissant

les petits-pains

pistolet

le pain

brood

le pain grillé

toast

les biscuits

koekjes

le beurre

boter

le fromage blanc

kwark

le gâteau

taart

l'œuf

ei

l'œuf au plat

spiegelei

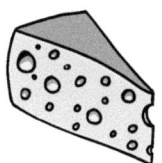

le fromage

kaas

la glace

ijs

le sucre

suiker

le miel

honing

la confiture

confituur

la crème nougat

choco

le curry

curry

la ferme
boerderij

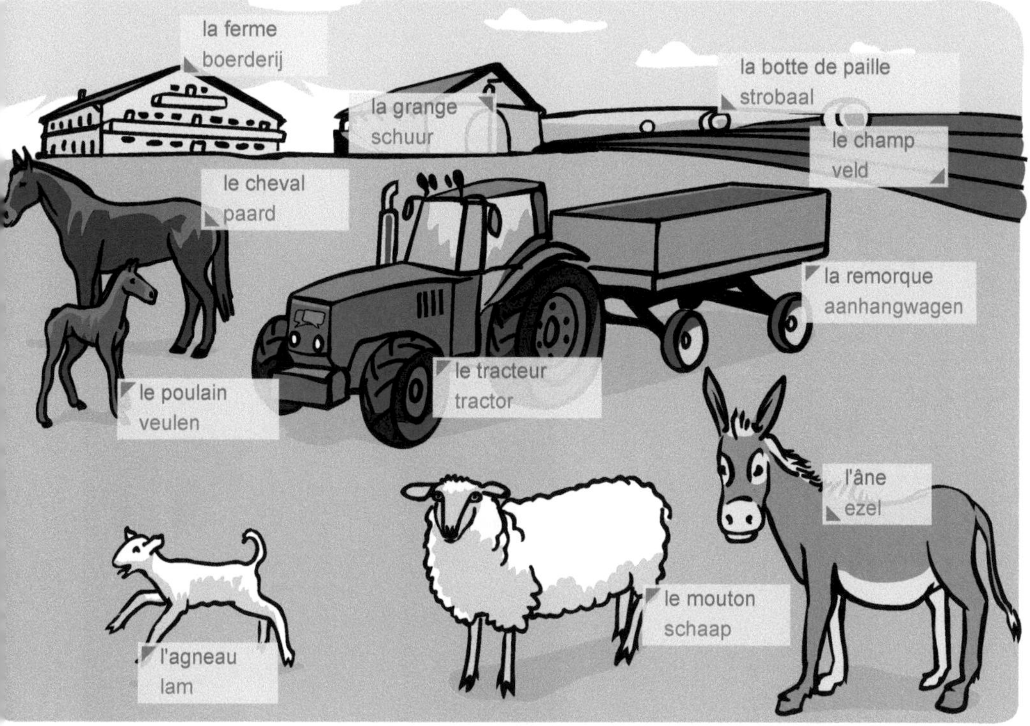

la ferme
boerderij
la grange
schuur
la botte de paille
strobaal
le champ
veld
le cheval
paard
la remorque
aanhangwagen
le tracteur
tractor
le poulain
veulen
l'âne
ezel
le mouton
schaap
l'agneau
lam

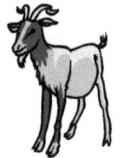

la chèvre

geit

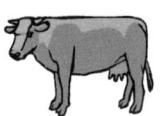

la vache

koe

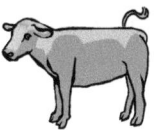

le veau

kalf

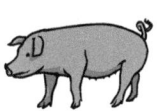

le porc

varken

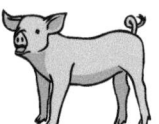

le porcelet

biggetje

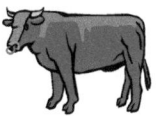

le taureau

stier

l'oie

gans

le canard

eend

le poussin

kuiken

la poule

kip

le coq

haan

le rat

rat

le chat

kat

la souris

muis

le bœuf

os

le chien

hond

le chenil

hondenhok

le tuyau de jardin

tuinslang

l'arrosoir

gieter

la faucheuse

zeis

la charrue

ploeg

la faucille

sikkel

la pioche

schoffel

la fourche

hooivork

la hache

bijl

la brouette

kruiwagen

la cuve

trog

le pot à lait

melkkan

le sac

zak

la clôture

hek

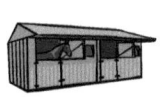

l'étable

stal

le serre

broeikas

le sol

bodem

les semences

zaad

l'engrais

mest

la moissonneuse-batteuse

maaidorser

récolter

oogsten

la récolte

oogst

l'igname

yam

le blé

tarwe

le soja

soja

la pomme de terre

aardappel

le maïs

maïs

le colza

koolzaad

l'arbre fruitier

fruitboom

le manioc

maniok

les céréales

graan

la maison
huis

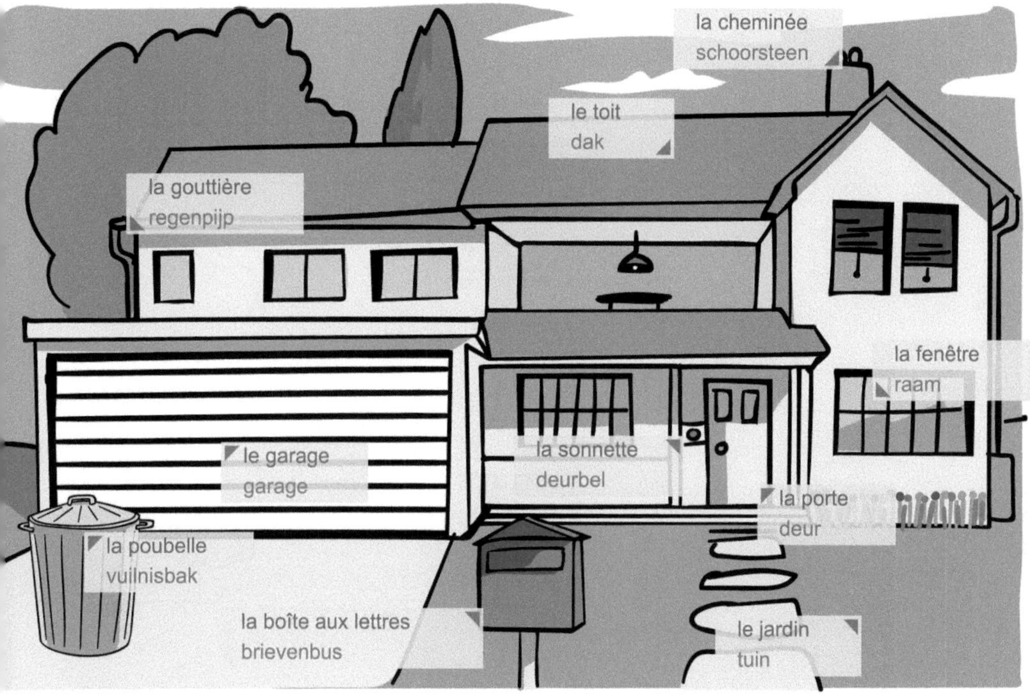

la cheminée
schoorsteen
le toit
dak
la gouttière
regenpijp
la fenêtre
raam
le garage
garage
la sonnette
deurbel
la porte
deur
la poubelle
vuilnisbak
la boîte aux lettres
brievenbus
le jardin
tuin

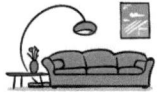

le salon

woonkamer

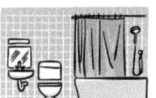

la salle de bain

badkamer

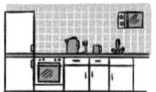

la cuisine

keuken

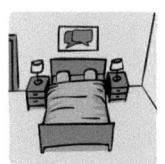

la chambre à coucher

slaapkamer

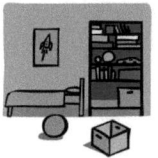

la chambre d'enfant

kinderkamer

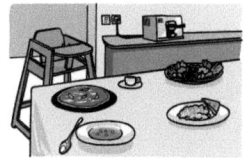

la salle à manger

eetkamer

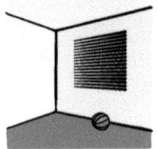

le sol
....
vloer

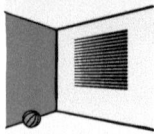

le mur
....
muur

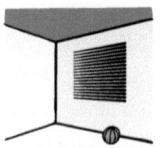

le plafond
....
plafond

la cave
....
kelder

le sauna
....
sauna

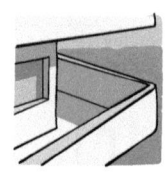

le balcon
....
balkon

la terrasse
....
terras

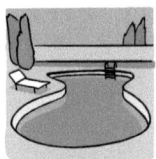

la piscine
....
zwembad

la tondeuse à gazon
....
grasmaaier

la housse
....
dekbedovertrek

la couette
....
dekbed

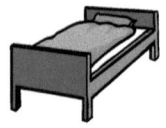

le lit
....
bed

le balai
....
bezem

le sceau
....
emmer

l'interrupteur
....
schakelaar

le salon
woonkamer

le papier peint
behangpapier
l'image
foto
la lampe
lamp
l'étagère
schap
l'armoire
kast
la télé
televisie
la cheminée
open haard
la fleur
bloem
le coussin
kussen
le sofa
sofa
le vase
vaas
la télécommande
afstandsbediening

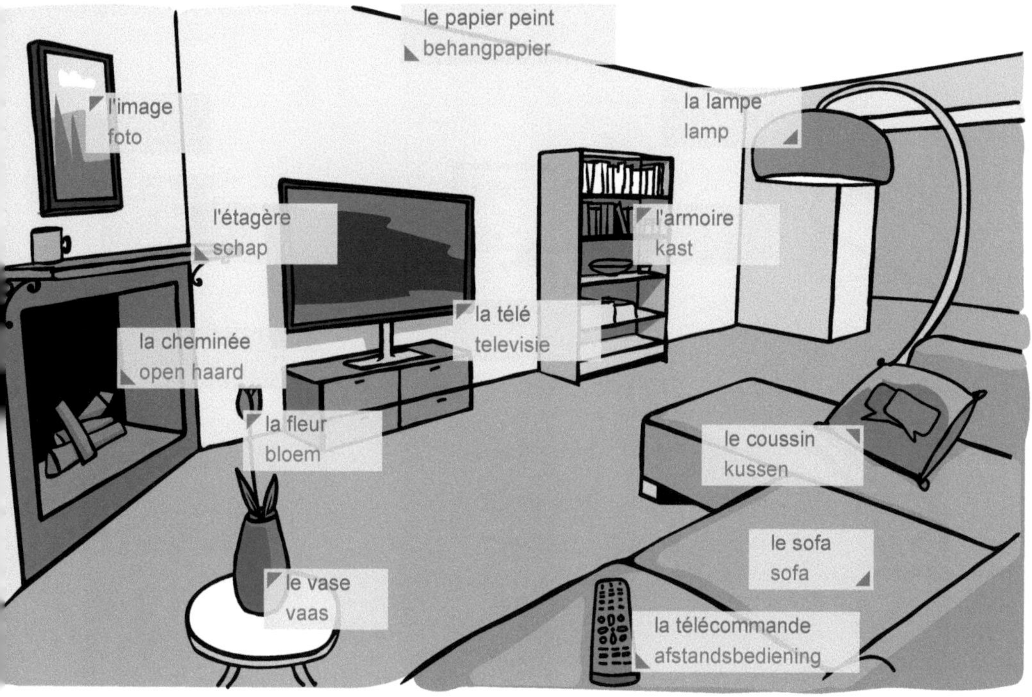

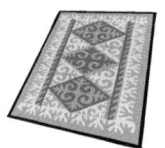

le tapis

mat

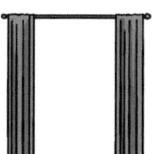

le rideau

gordijn

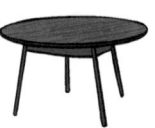

la table

tafel

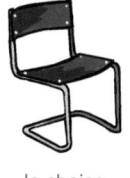

la chaise

stoel

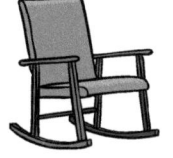

la chaise à bascule

schommelstoel

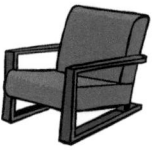

le fauteuil

fauteuil

le livre

boek

la couverture

deken

la décoration

decoratie

le bois de chauffage

brandhout

le film

film

la chaîne hi-fi

stereo-installatie

la clé

sleutel

le journal

krant

la peinture

schilderij

le poster

poster

la radio

radio

le bloc-notes

notitieboekje

l'aspirateur

stofzuiger

le cactus

cactus

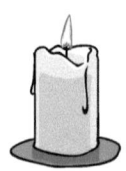

la bougie

kaars

la cuisine
keuken

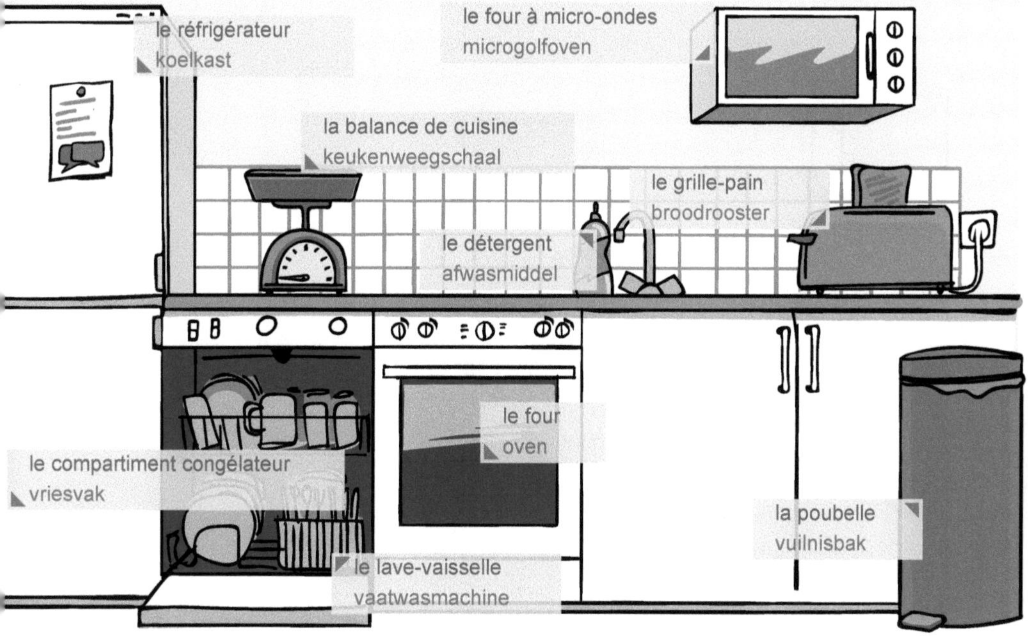

le réfrigérateur
koelkast
le four à micro-ondes
microgolfoven
la balance de cuisine
keukenweegschaal
le grille-pain
broodrooster
le détergent
afwasmiddel
le four
oven
le compartiment congélateur
vriesvak
la poubelle
vuilnisbak
le lave-vaisselle
vaatwasmachine

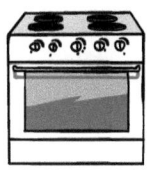

le four
fornuis

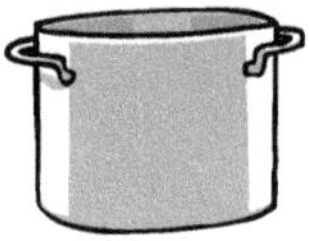
la casserole
pot

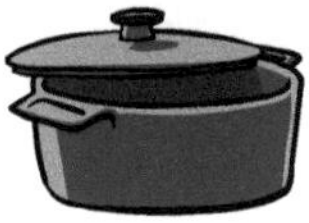
la marmite
gietijzeren pot

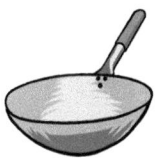

le wok / kadai
wok / kadai

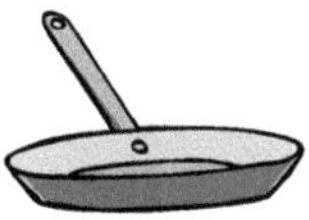
la poêle
pan

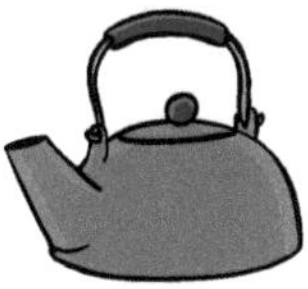
la bouilloire electrique
waterkoker

le cuiseur vapeur

stoomkoker

la plaque de cuisson

bakplaat

la vaisselle

servies

le gobelet

mok

la coupe

kom

les baguettes

eetstokjes

la louche

pollepel

la spatule

spatel

le fouet

garde

la passoire

vergiet

le tamis

zeef

la râpe

rasp

le mortier

mortier

le barbecue

barbecue

la cheminée

haardvuur

la planche à découper

snijplank

le rouleau à pâtisserie

deegrol

le tire-bouchon

kurkentrekker

la boîte

blik

l'ouvre-boîte

blikopener

les maniques

pannenlap

le lavabo

gootsteen

la brosse

borstel

l'éponge

spons

le mixeur

blender

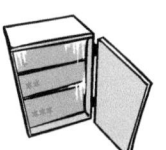

le congélateur

vriezer

le biberon

papfles

le robinet

kraan

la salle de bain
badkamer

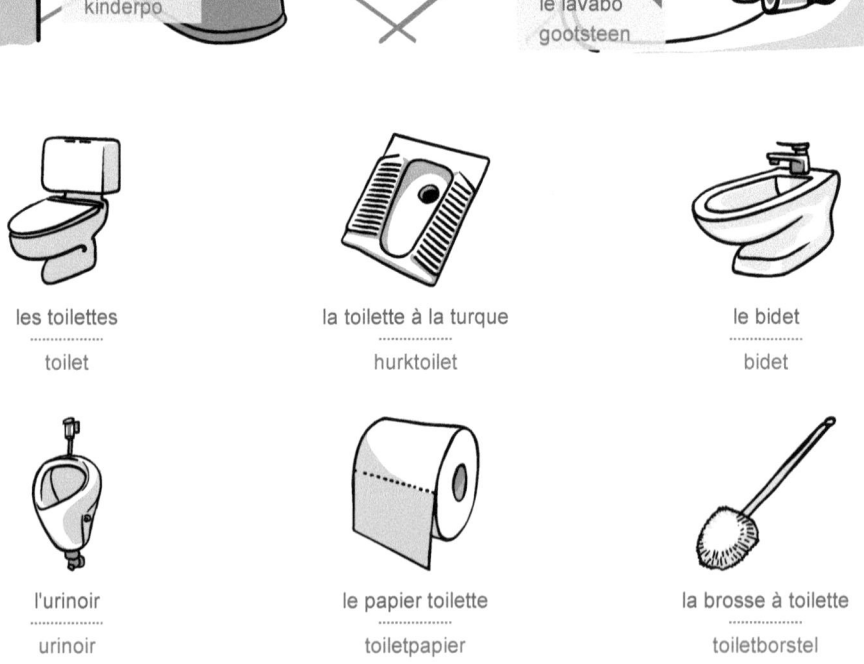

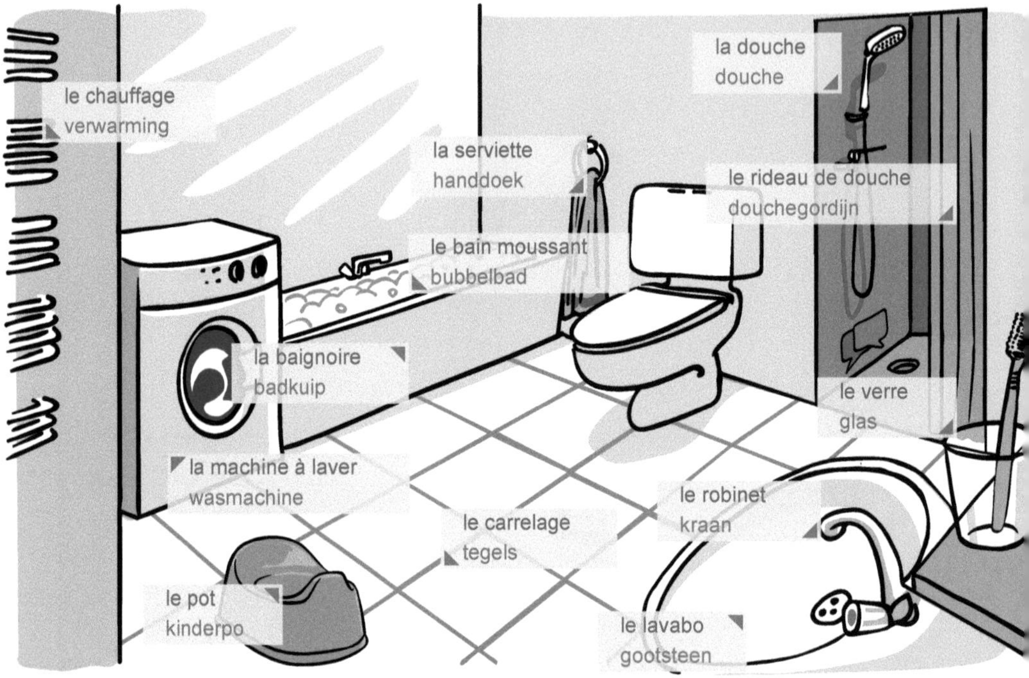

le chauffage
verwarming
la douche
douche
la serviette
handdoek
le rideau de douche
douchegordijn
le bain moussant
bubbelbad
la baignoire
badkuip
le verre
glas
la machine à laver
wasmachine
le robinet
kraan
le carrelage
tegels
le pot
kinderpo
le lavabo
gootsteen

les toilettes

toilet

la toilette à la turque

hurktoilet

le bidet

bidet

l'urinoir

urinoir

le papier toilette

toiletpapier

la brosse à toilette

toiletborstel

la brosse à dents

tandenborstel

le dentifrice

tandpasta

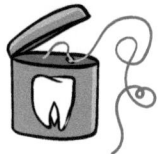

le fil dentaire

flosdraad

laver

wassen

la douche manuelle

handdouche

la douche intime

bidethanddouche

la vasque

waskom

la brosse dorsale

rugborstel

le savon

zeep

le gel douche

douchegel

le shampooing

shampoo

le gant de toilette

washandje

l'écoulement

afvoer

la crème

crème

le déodorant

deodorant

le miroir

spiegel

le miroir cosmétique

handspiegel

le rasoir

scheermes

la mousse à raser

scheerschuim

l'après-rasage

aftershave

la peigne

kam

la brosse

borstel

le sèche-cheveux

haardroger

la laque pour cheveux

haarlak

le fond de teint

make-up

le rouge à lèvres

lippenstift

le vernis à ongles

nagellak

l'ouate

watten

le coupe-ongles

nagelknipper

le parfum

parfum

la trousse de toilette

toilettas

le tabouret

kruk

le pèse-personne

weegschaal

le peignoir

badjas

les gants de nettoyage

latex handschoenen

le tampon

tampon

les serviettes hygiéniques

maandverband

la toilette chimique

chemisch toilet

la chambre d'enfant
kinderkamer

le réveil
wekker
le doudou
knuffel
la voiture jouet
speelgoedauto
le hochet
rammelaar
la maison de poupée
poppenhuis
le cadeau
geschenk

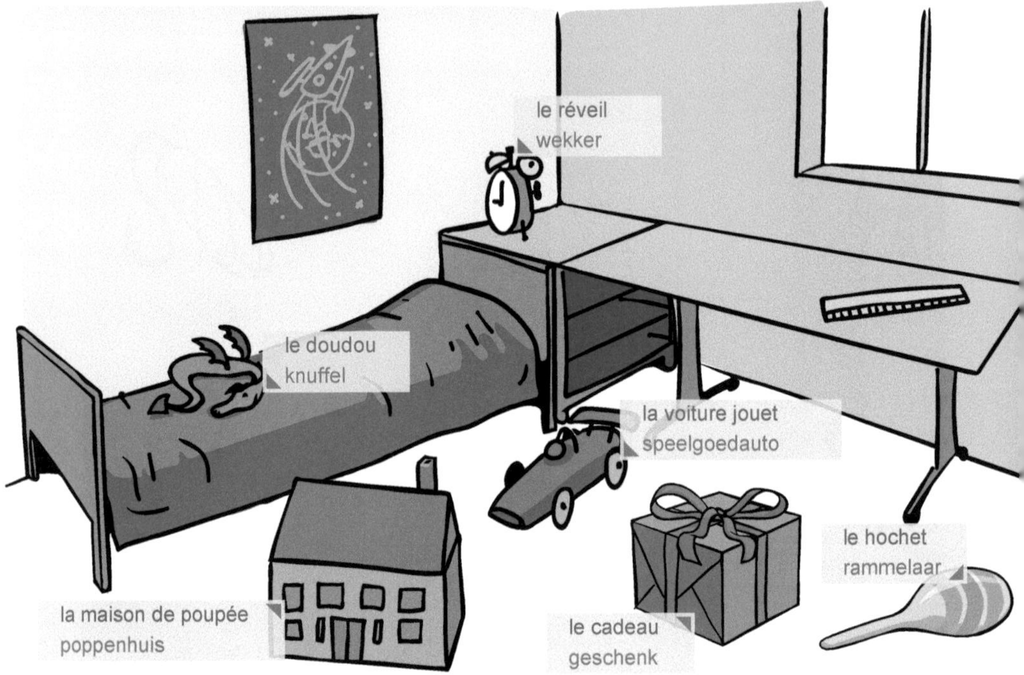

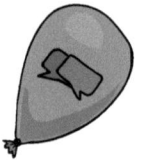

le ballon

ballon

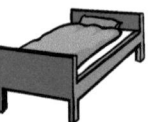

le lit

bed

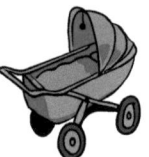

la poussette

kinderwagen

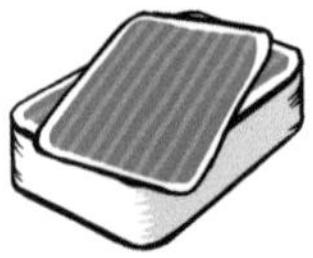

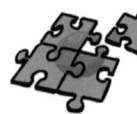

le jeu de cartes

spel kaarten

le puzzle

puzzel

SUPER
MEGA

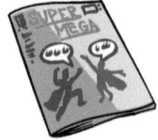

la bande dessinée

stripboek

les pièces lego

legoblokjes

les blocs de construction

blokken

la figurine

actiefiguur

la grenouillère

kruippakje

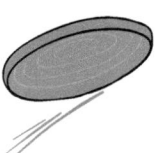

le frisbee

frisbee

le mobile

mobiel

le jeu de société

bordspel

le dé

dobbelsteen

le train miniature

modelspoorweg

la sucette

fopspeen

la fête

feest

le livre d'images

prentenboek

la balle

bal

la poupée

pop

jouer

spelen

le bac à sable

zandbak

la balançoire

schommel

les jouets

speelgoed

la console de jeu

spelconsole

le tricycle

driewieler

l'ours en peluche

knuffelbeer

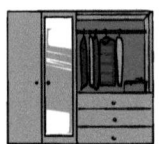

l'armoire

kleerkast

les vêtements
kleding

les chaussettes

sokken

les bas

kousen

le collant

maillot

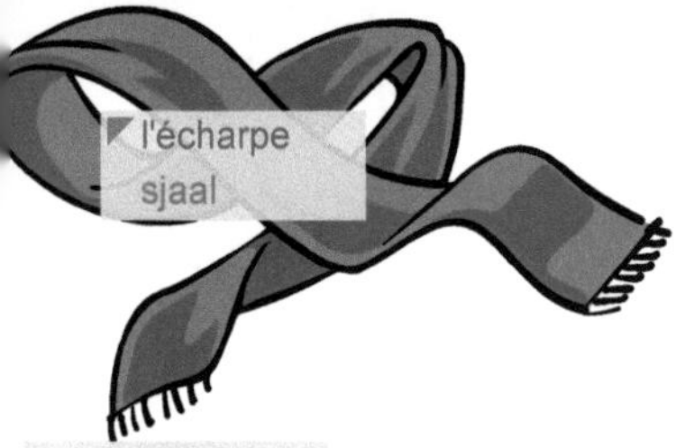

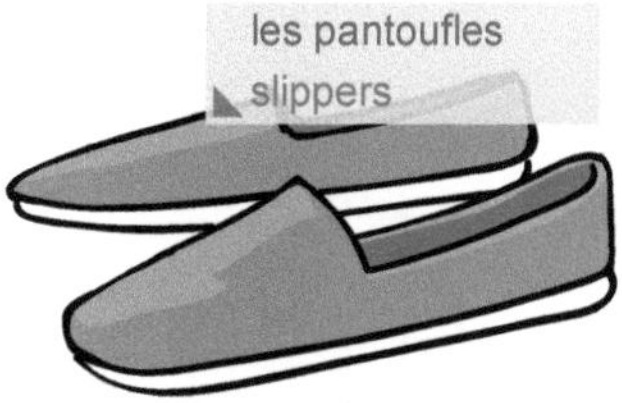

l'écharpe
sjaal

le parapluie
paraplu

le t-shirt
T-shirt

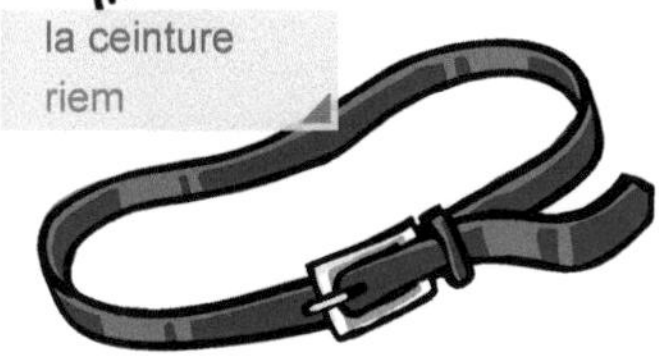

la ceinture
riem

les bottes
laarzen

les pantoufles
slippers

les baskets
sneakers

les sandales
....
sandalen

les chaussures
....
schoenen

les bottes de caoutchouc
....
rubberlaarzen

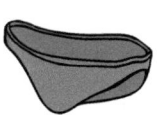

les sous-vêtements
....
onderbroek

le soutien-gorge
....
beha

le maillot de corps
....
onderhemd

le body

lichaam

le pantalon

broek

le jean

jeans

la jupe

rok

le chemisier

blouse

la chemise

hemd

le pull

trui

le sweat à capuche

capuchontrui

la veste

blazer

la veste

jas

le manteau

jas

l'imperméable

regenjas

le costume

kostuum

la robe

jurk

la robe de mariée

trouwjurk

le costume

pak

la chemise de nuit

nachthemd

le pyjama

pyjama

le sari

sari

le foulard

hoofddoek

le turban

tulband

la burqa

boerka

le caftan

kaftan

l'abaya

abaya

le maillot de bain

badpak

le maillot de bain

zwembroek

le short

short

la tenue d'entraînement

trainingspak

le tablier

schort

les gants

handschoenen

le bouton

knoop

les lunettes

bril

le bracelet

armband

le collier

ketting

la bague

ring

la boucle d'oreille

oorbel

le bonnet

pet

le cintre

kapstok

le chapeau

hoed

la cravate

das

la fermeture éclair

rits

le casque

helm

les bretelles

bretellen

l'uniforme scolaire

schooluniform

l'uniforme

uniform

le bavoir

slabbetje

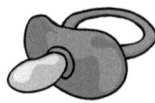

la sucette

fopspeen

la lange

luier

le bureau
kantoor

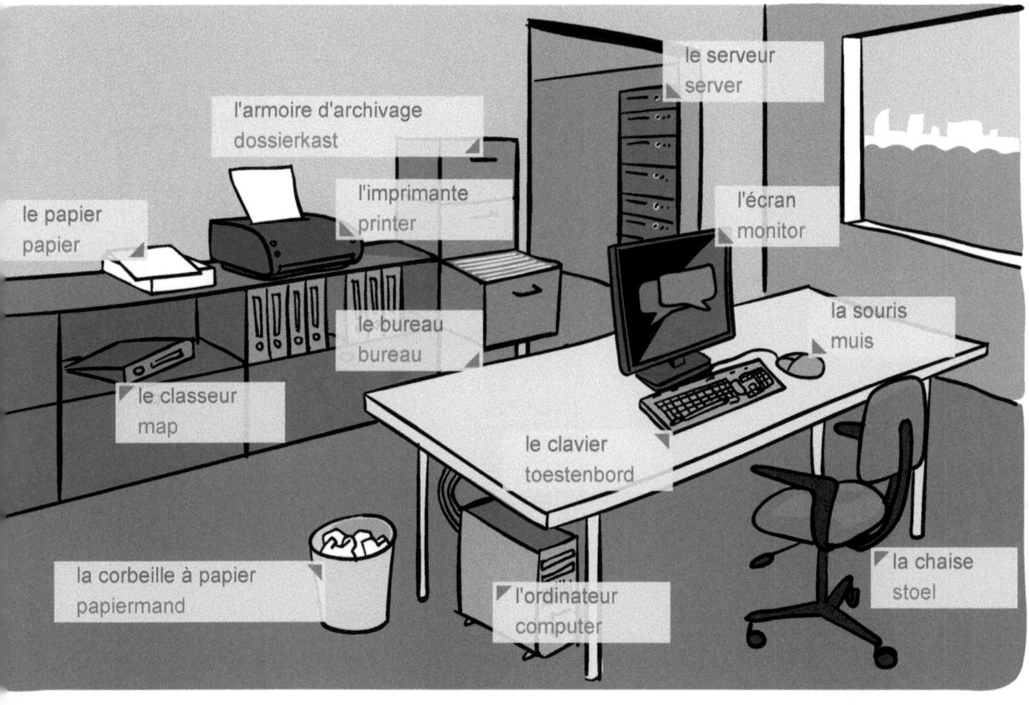

le serveur
server

l'armoire d'archivage
dossierkast

l'imprimante
printer

l'écran
monitor

le papier
papier

le bureau
bureau

la souris
muis

le classeur
map

le clavier
toestenbord

la corbeille à papier
papiermand

la chaise
stoel

l'ordinateur
computer

la tasse de café

koffiemok

la calculatrice

rekenmachine

l'internet

internet

l'ordinateur portable
....
laptop

la lettre
....
brief

le message
....
bericht

le portable
....
gsm

le réseau
....
netwerk

la photocopieuse
....
kopieerapparaat

le logiciel
....
software

le téléphone
....
telefoon

la prise
....
stopcontact

le fax
....
fax

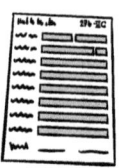

le formulaire
....
formulier

le document
....
document

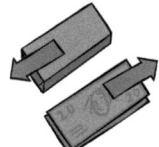

acheter

kopen

payer

betalen

faire du commerce

handelen

la monnaie

geld

le dollar

dollar

l'euro

euro

le yen

yen

le rouble

roebel

le franc suisse

Zwitserse frank

le renminbi yuan

Chinese renminbi

la roupie

roepie

le distributeur automatique

geldautomaat

le bureau de change

wisselkantoor

l'or

goud

l'argent

zilver

le pétrole

olie

l'énergie

energie

le prix

prijs

le contrat

contract

la taxe

belasting

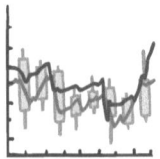

l'action

aandeel

travailler

werken

l'employé

werknemer

l'employeur

werkgever

l'usine

fabriek

le magasin

winkel

les professions
beroepen

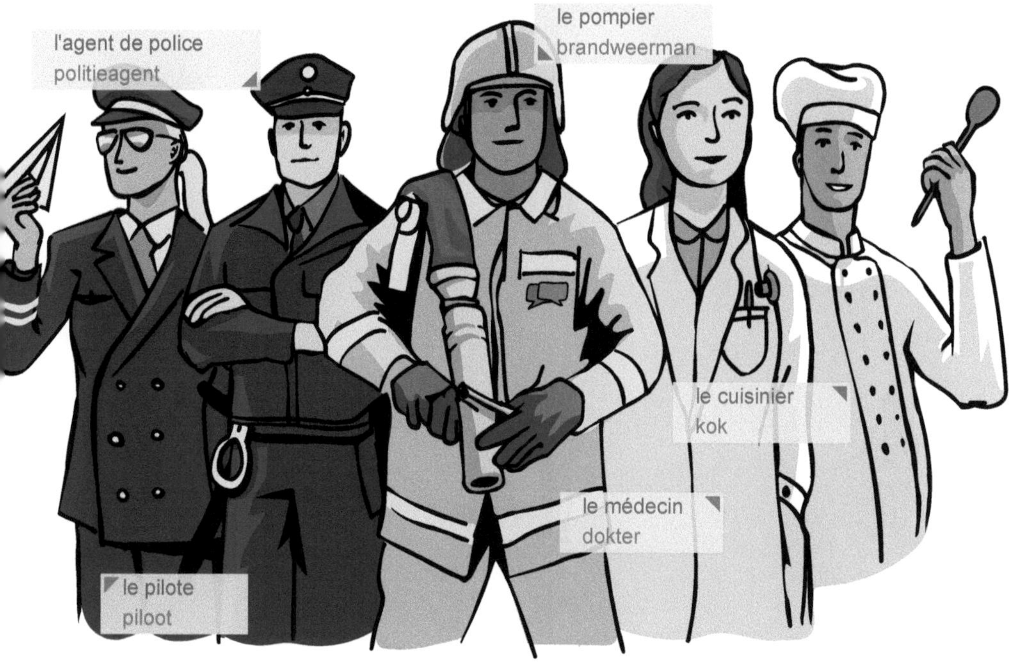
l'agent de police
politieagent
le pompier
brandweerman
le cuisinier
kok
le médecin
dokter
le pilote
piloot

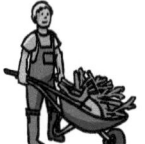

le jardinier

tuinman

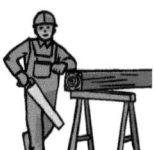

le menuisier

timmerman

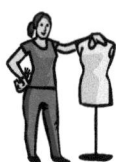

la couturière

naaister

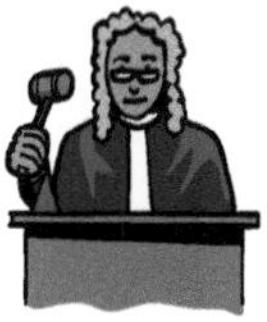

le juge

rechter

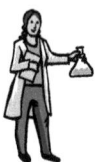

le chimiste

chemicus

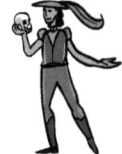

l'acteur

acteur

le conducteur de bus

buschauffeur

le chauffeur de taxi

taxichauffeur

le pêcheur

visser

la femme de ménage

schoonmaakster

le couvreur

dakdekker

le serveur

ober

le chasseur

jager

le peintre

schilder

le boulanger

bakker

l'électricien

elektricien

l'ouvrier

bouwvakker

l'ingénieur

ingenieur

le boucher

slager

le plombier

loodgieter

le facteur

postbode

le soldat

soldaat

l'architecte

architect

le caissier

kassier

le fleuriste

bloemist

le coiffeur

kapper

le contrôleur

conducteur

le mécanicien

mecanicien

le capitaine

kapitein

le dentiste

tandarts

le scientifique

wetenschapper

le rabbin

rabbijn

l'imam

imam

le moine

monnik

le prêtre

geestelijke

les outils
werktuigen

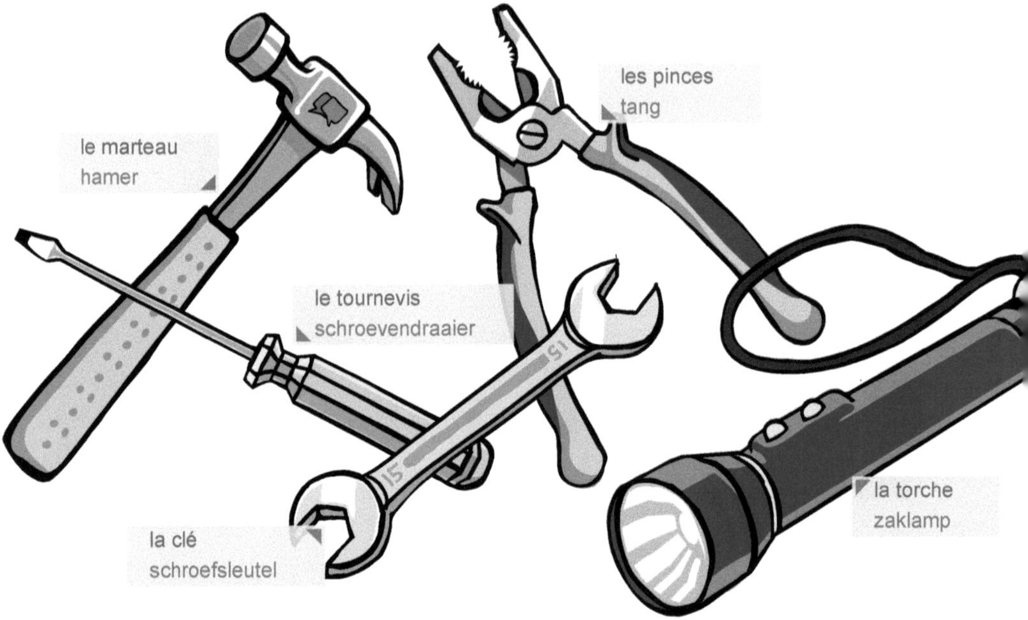
les pinces
tang
le marteau
hamer
le tournevis
schroevendraaier
la torche
zaklamp
la clé
schroefsleutel

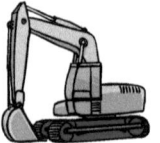

la pelleteuse

graafmachine

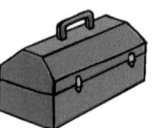

la boîte à outils

gereedschapskoffer

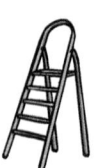

l'échelle

ladder

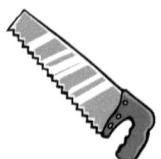

la scie

zaag

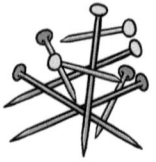

les clous

spijkers

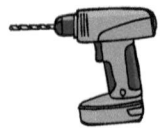

la perceuse

boormachine

réparer

repareren

la pelle

schop

Mince !

Verdomme!

la pelle

blik

le pot de peinture

verfpot

les vis

schroeven

les instruments de musique
muziekinstrumenten

la batterie
drumstel

le haut-parleurs
luidspreker

la guitare
gitaar

la contrebasse
contrabas

la trompette
trompet

le piano

piano

le violon

viool

la basse

basgitaar

les timbales

pauk

le tambour

trommels

le piano électrique

keyboard

le saxophone

saxofoon

la flûte

fluit

le microphone

microfoon

l'entrée
ingang

le tigre
tijger

la cage
kooi

le zèbre
zebra

l'alimentation animale
diereneten

le panda
panda

les animaux

dieren

l'éléphant

olifant

le kangourou

kangoeroe

le rhinocéros

neushoorn

le gorille

gorilla

l'ours

beer

le chameau

kameel

l'autruche

struisvogel

le lion

leeuw

le singe

aap

le flamand rose

flamingo

le perroquet

papegaai

l'ours polaire

ijsbeer

le pingouin

pinguïn

le requin

haai

le paon

pauw

le serpent

slang

le crocodile

krokodil

le gardien de zoo

dierenverzorger

le phoque

zeehond

le jaguar

jaguar

le zoo - zoo

le poney

pony

le léopard

luipaard

l'hippopotame

nijlpaard

la girafe

giraffe

l'aigle

adelaar

le sanglier

wild zwijn

le poisson

vis

la tortue

zeeschildpad

le morse

walrus

le renard

vos

la gazelle

gazelle

l'american Football
rugby

le cyclisme
wielrennen

le tennis
tennis

le basket-ball
basketbal

la natation
zwemmen

le hockey sur glace
ijshockey

la boxe
boksen

le football
voetbal

le badminton
badminton

l'athlétisme
atletiek

le handball
handbal

le ski
skiën

le polo
polo

les activités
activiteiten

sauter
springen
embrasser
knuffelen
rire
lachen
marcher
wandelen
chanter
zingen
rêver
dromen
prier
bidden
faire la bise
kussen

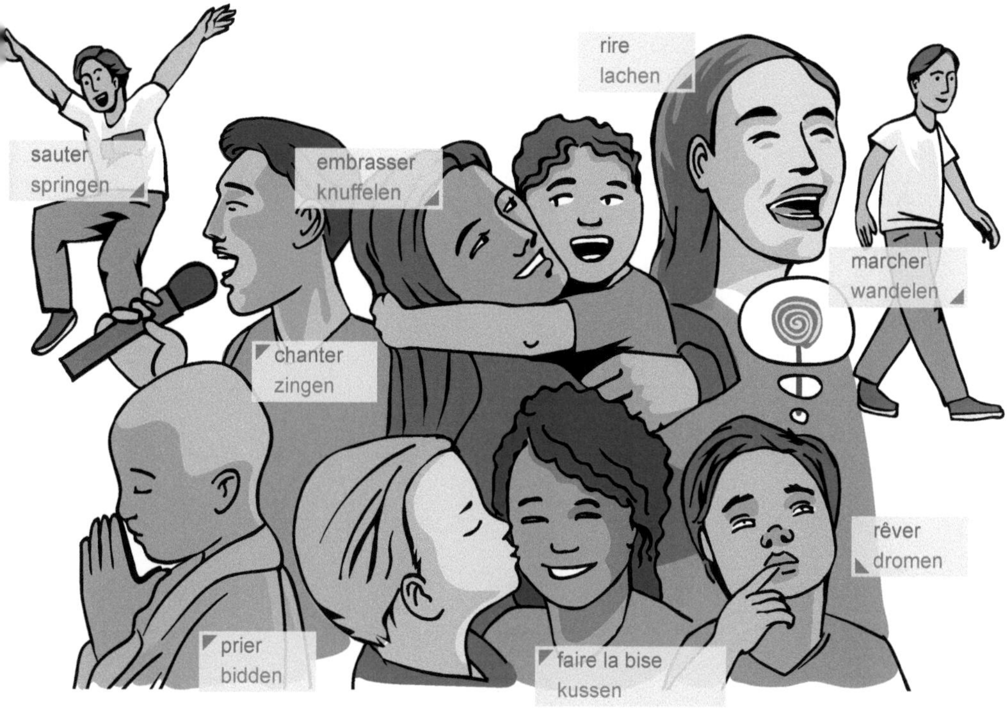

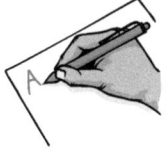

écrire

schrijven

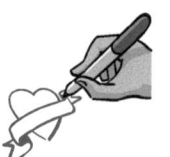

dessiner

tekenen

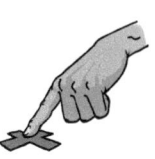

montrer

tonen

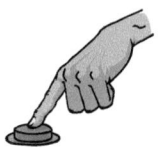

pousser

duwen

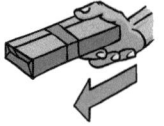

donner

geven

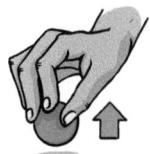

prendre

nemen

avoir

hebben

faire

doen

être

zijn

être debout

staan

courir

lopen

trier

trekken

jeter

gooien

tomber

vallen

être couché

liggen

attendre

wachten

porter

dragen

être assis

zitten

s'habiller

aankleden

dormir

slapen

se réveiller

ontwaken

regarder

kijken naar

pleurer

wenen

caresser

aaien

peigner

kammen

parler

praten

comprendre

begrijpen

demander

vragen

écouter

luisteren

boire

drinken

manger

eten

ranger

opruimen

aimer

houden van

cuire

koken

conduire

rijden

voler

vliegen

faire de la voile

zeilen

calculer

rekenen

lire

Lezen

apprendre

leren

travailler

werken

se marier

trouwen

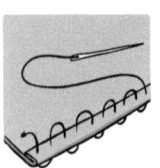

coudre

naaien

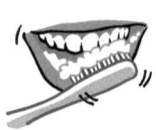

brosser les dents

tandenpoetsen

tuer

doden

fumer

roken

envoyer

sturen

la grand-mère
grootmoeder

le grand-père
grootvader

le père
vader

la mère
moeder

le bébé
baby

la fille
dochter

le fils
zoon

l'hôte

gast

la tante

tante

l'oncle

oom

le frère

broer

la sœur

zus

le corps
lichaam

le front
voorhoofd
l'œil
oog
l'épaule
schouder
le doigt
vinger
le visage
gezicht
le menton
kin
la main
hand
la jambe
been
la poitrine
borst
le bras
arm

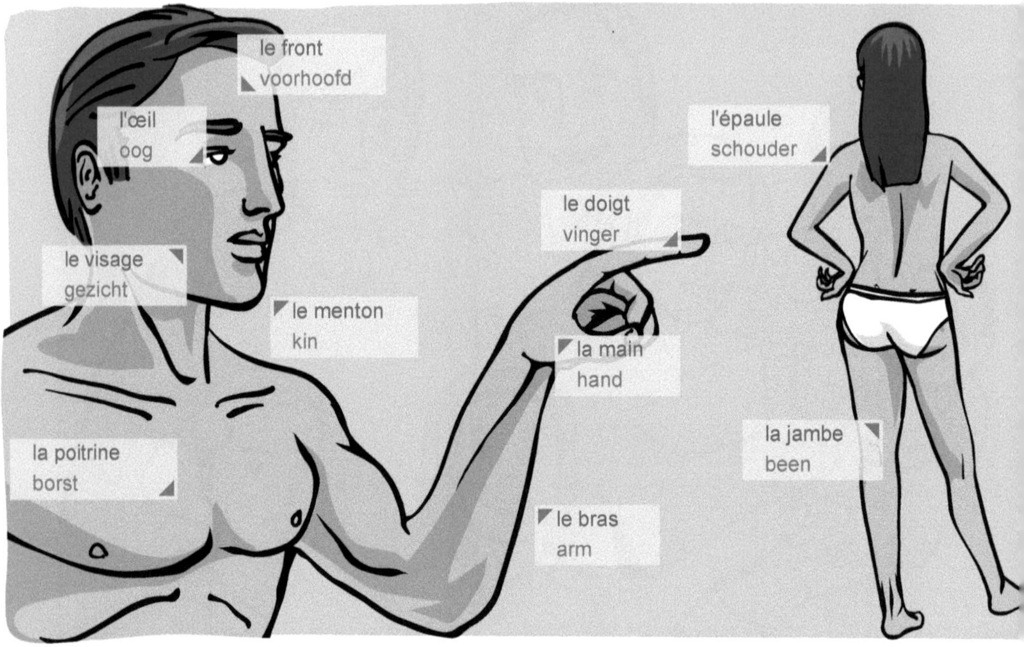

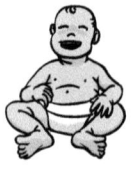

le bébé
baby

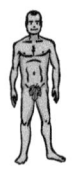

l'homme
man

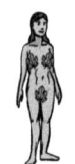

la femme
vrouw

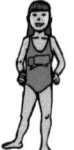

la fille
meisje

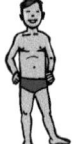

le garçon
jongen

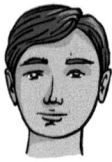

la tête
hoofd

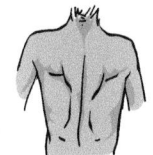

le dos

rug

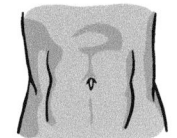

le ventre

buik

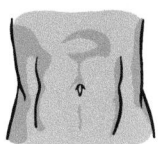

le nombril

navel

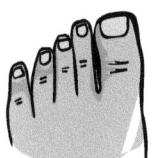

l'orteil

teen

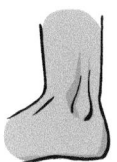

le talon

hiel

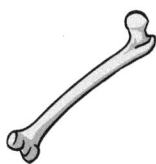

l'os

bot

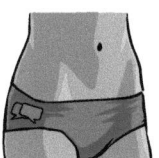

la hanche

heup

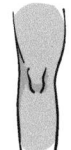

le genou

knie

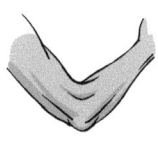

le coude

elleboog

le nez

neus

les fesses

zitvlak

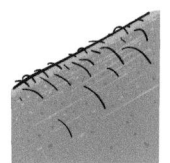

la peau

huid

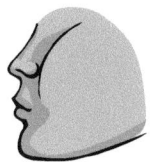

la joue

wang

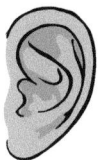

l'oreille

oor

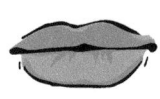

la lèvre

lip

la bouche

mond

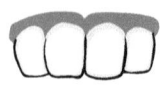

la dent

tand

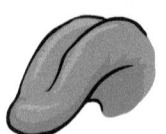

la langue

tong

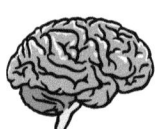

le cerveau

hersenen

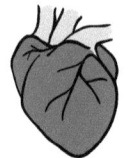

le cœur

hart

le muscle

spier

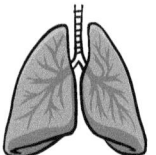

les poumons

long

le foie

lever

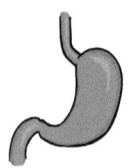

l'estomac

maag

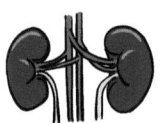

les reins

nieren

le rapport sexuel

seks

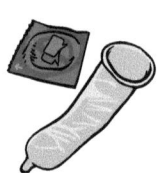

le préservatif

condoom

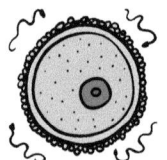

l'ovule

eicel

le sperme

sperma

la grossesse

zwangerschap

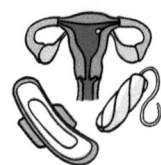

la menstruation

menstruatie

le vagin

vagina

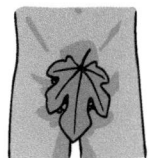

le pénis

penis

le sourcil

wenkbrauw

les cheveux

haar

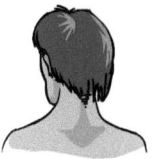

le cou

nek

l'hôpital
ziekenhuis

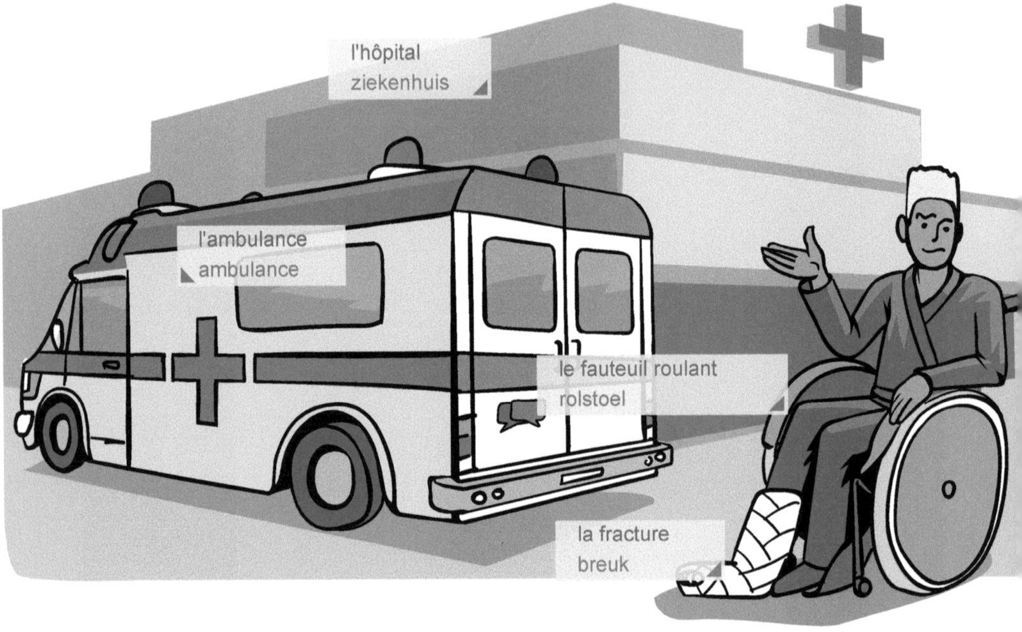

l'hôpital
ziekenhuis
l'ambulance
ambulance
le fauteuil roulant
rolstoel
la fracture
breuk

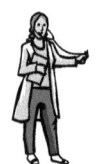

le médecin
dokter

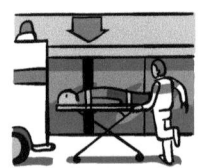

le service des urgences
spoed

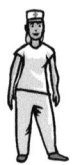

l'infirmière
verpleegkundige

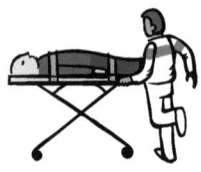

l'urgence
noodgeval

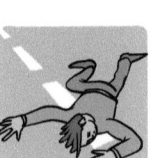

inconscient
bewusteloos

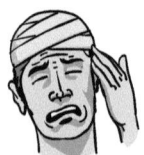

la douleur
pijn

la blessure

verwonding

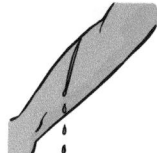

l'hémorragie

bloeding

la crise cardiaque

hartaanval

l'attaque cérébrale

beroerte

l'allergie

allergie

la toux

hoest

la fièvre

koorts

la grippe

griep

la diarrhée

diarree

le mal de tête

hoofdpijn

le cancer

kanker

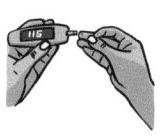

le diabète

diabetes

le chirurgien

chirurg

le scalpel

scalpel

l'opération

operatie

le CT

CT

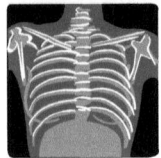

la radiographie

röntgenstraal

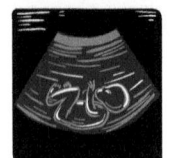

l'échographie

ultrageluid

le masque

gezichtsmasker

la maladie

ziekte

la salle d'attente

wachtkamer

la béquille

kruk

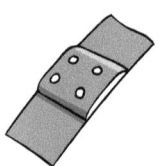

le pansement

pleister

le pansement

verband

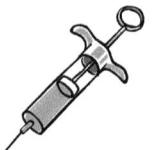

l'injection

injectie

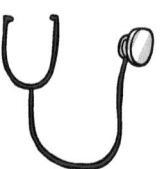

le stéthoscope

stethoscoop

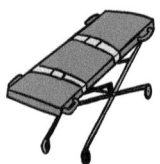

le brancard

brancard

le thermomètre

thermometer

l'accouchement

geboorte

la surcharge pondérale

overgewicht

l'hôpital - ziekenhuis

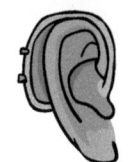

l'appareil auditif

hoorapparaat

le désinfectant

ontsmettingsmiddel

l'infection

infectie

le virus

virus

le VIH / le sida

HIV / AIDS

le médicament

medicijn

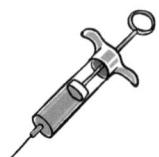

la vaccination

vaccinatie

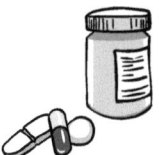

les comprimés

tabletten

la pilule

pil

l'appel d'urgence

noodoproep

le tensiomètre

bloeddrukmeter

malade / sain

ziek / gezond

Au secours !

Help!

l'alarme

alarm

l'assaut

overval

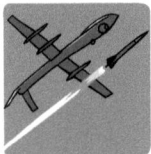

l'attaque

aanval

le danger

gevaar

la sortie de secours

nooduitgang

Au feu!

Brand!

l'extincteur

brandblusser

l'accident

ongeval

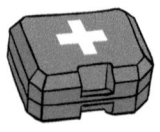

la trousse de premier secours

EHBO-kit

SOS

SOS

la police

politie

l'Europe

Europa

l'Amérique du Nord

Noord-Amerika

l'Amérique du Sud

Zuid-Amerika

l'Afrique

Afrika

l'Asie

Azië

l'Australie

Australië

l'Océan atlantique

Atlantische Oceaan

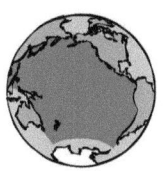

l'Océan pacifique

Stille Oceaan

l'Océan indien

Indische Oceaan

l'Océan antarctique

Antarctische Oceaan

l'Océan arctique

Arctische Oceaan

le Pôle nord

Noordpool

le Pôle sud
Zuidpool

l'Antarctique
Antarctica

la terre
aarde

le pays
land

la mer
zee

l'île
eiland

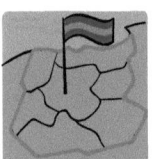

la nation
natie

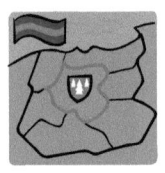

l'état
staat

le cadran

wijzerplaat

l'aiguille des heures

uurwijzer

l'aiguille des minutes

minuutwijzer

l'aiguille des secondes

secondewijzer

Quelle heure est-il ?

Hoe laat is het?

le jour

dag

le temps

tijd

maintenant

nu

la montre digitale

digitale horloge

la minute

minuut

l'heure

uur

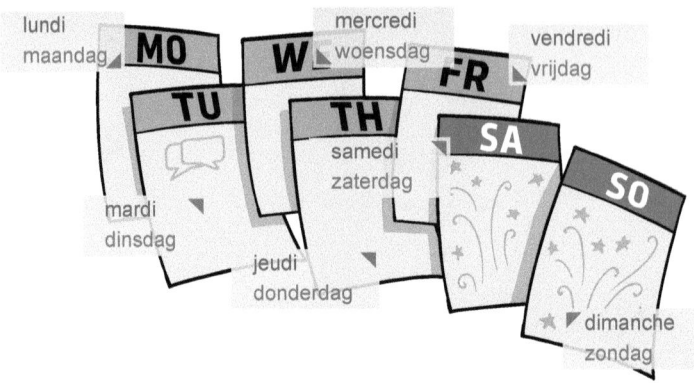

lundi
maandag

mercredi
woensdag

vendredi
vrijdag

mardi
dinsdag

samedi
zaterdag

jeudi
donderdag

dimanche
zondag

hier

gisteren

aujourd'hui

vandaag

demain

morgen

le matin

ochtend

le midi

middag

le soir

avond

les jours ouvrables

werkdagen

le week-end

weekend

l'année
jaar

la pluie
regen
l'arc-en-ciel
regenboog
la neige
sneeuw
le vent
wind
le printemps
lente
l'automne
herfst
l'été
zomer
l'hiver
winter

4.APRIL 11°
5.APRIL 4°
6.APRIL 13°
7.APRIL 8°
8.APRIL 10°

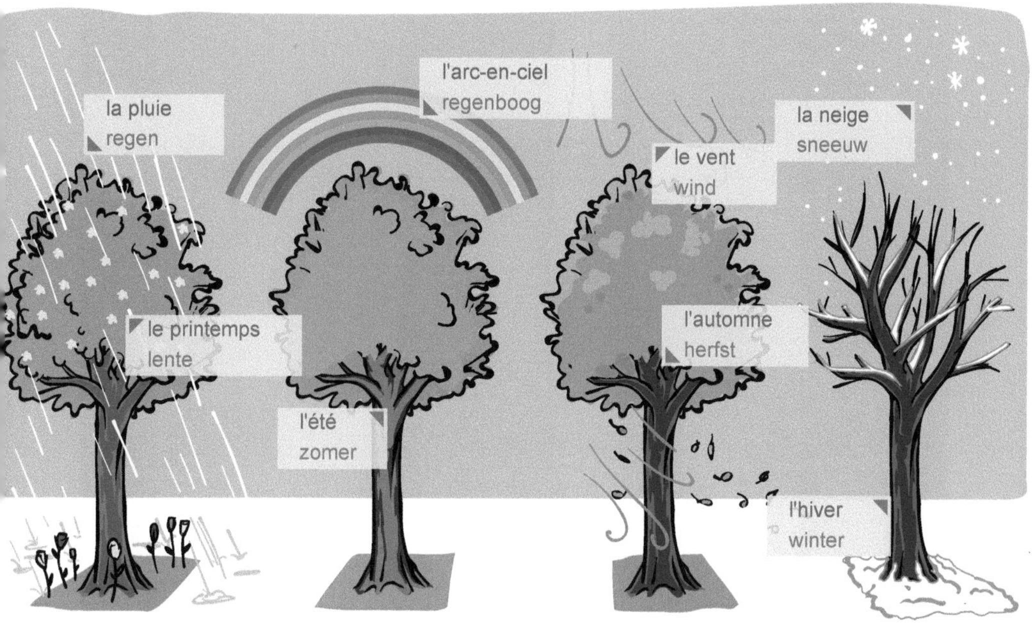

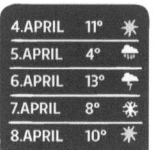

la météo

weervoorspelling

F C
120 40
90 30
60 20
30 10
0 0
-30 -10
-20

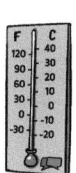

le thermomètre

thermometer

la lumière du soleil

zonneschijn

le nuage

wolk

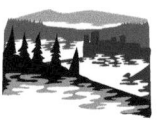

le brouillard

mist

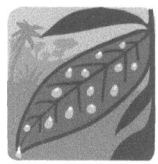

l'humidité

vochtigheid

la foudre

bliksem

la tonnerre

donder

la tempête

storm

la grêle

hagel

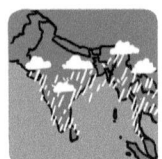

la mousson

moesson

l'inondation

overstroming

la glace

ijs

janvier

januari

février

februari

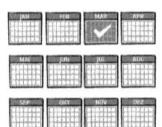

mars

maart

avril

april

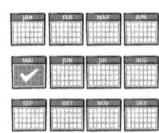

mai

mei

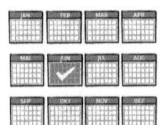

juin

juni

juillet

juli

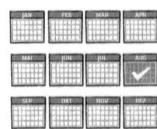

août

augustus

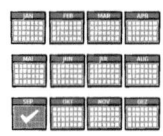

septembre

september

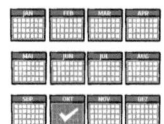

octobre

oktober

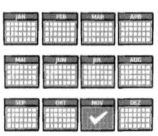

novembre

november

décembre

december

le cercle

cirkel

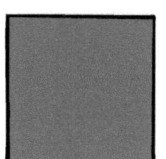

le carré

kwadraat

le rectangle

rechthoek

le triangle

driehoek

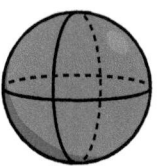

la sphère

bol

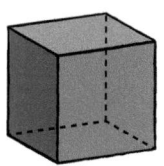

le cube

kubus

blanc
....
wit

jaune
....
geel

orange
....
oranje

rose
....
roze

rouge
....
rood

violet
....
paars

bleu
....
blauw

vert
....
groen

marron
....
bruin

gris
....
grijs

noir
....
zwart

beaucoup / peu

veel / weinig

fâché / calme

boos / kalm

joli / laid

mooi / lelijk

le début / la fin

begin / einde

grand / petit

groot / klein

clair / obscure

licht / donker

frère / soeur

broer / zus

propre / sale

proper / vuil

complet / incomplet

volledig / onvolledig

le jour / la nuit

dag / nacht

mort / vivant

dood / levend

large / étroit

breed / smal

comestible / incomestible

eetbaar / oneetbaar

méchant / gentil

kwaadaardig / vriendelijk

excité / ennuyé

opgewonden / verveeld

gros / mince

dik / dun

le premier / le dernier

eerst / laatst

l'ami / l'ennemi

vriend / vijand

plein / vide

vol / leeg

dur / souple

hard / zacht

lourd / léger

zwaar / licht

faim / soif

honger / dorst

malade / sain

ziek / gezond

illégal / légal

illegaal / legaal

intelligent / stupide

intelligent / dom

gauche / droite

links / rechts

proche / loin

dichtbij / veraf

nouveau / usé

nieuw / gebruikt

rien / quelque chose

niets / iets

vieux / jeune

oud / jong

marche / arrêt

aan / uit

ouvert / fermé

open / dicht

faible / fort

stil / luid

riche / pauvre

rijk / arm

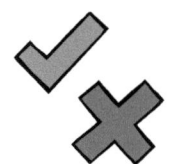

correct / incorrect

juist / fout

rugueux / lisse

ruw / glad

triste / heureux

droevig / blij

court / long

kort / lang

lent / rapide

traag / snel

mouillé / sec

nat / droog

chaud / froid

warm / koud

la guerre / la paix

oorlog / vrede

0

zéro

nul

1

un / une

één

2

deux

twee

3

trois

drie

4

quatre

vier

5

cinq

vijf

6

six

zes

7

sept

zeven

8

huit

acht

9

neuf

negen

10

dix

tien

11

onze

elf

12

douze
twaalf

13

treize
dertien

14

quatorze
veertien

15

quinze
vijftien

16

seize
zestien

17

dix-sept
zeventien

18

dix-huit
achtien

19

dix-neuf
negentien

20

vingt
twintig

100

cent
honderd

1.000

mille
duizend

1.000.000

le million
miljoen

l'anglais

Engels

l'anglais américain

Amerikaans Engels

le chinois mandarin

Chinees (Mandarijn)

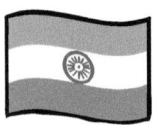

le hindi

Hindi

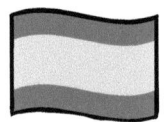

l'espagnol

Spaans

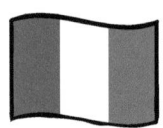

le français

Frans

l'arabe

Arabisch

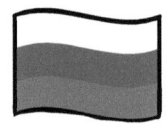

le russe

Russisch

le portugais

Portugees

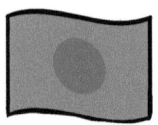

le bengali

Bengali

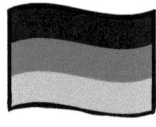

l'allemand

Duits

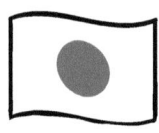

le japonais

Japans

je

ik

tu

u

il / elle / ce, c', cela

hij / zij / het

nous

wij

vous

u

ils / elles

ze

Qui ?

wie?

Quoi ?

wat?

Comment ?

hoe?

Où ?

waar?

Quand ?

wanneer?

le nom

naam

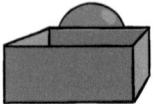

derrière
....
achter

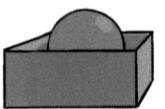

dans
....
in

devant
....
voor

au-dessus
....
boven

sur
....
op

en-dessous
....
onder

à côté de
....
naast

entre
....
tussen

le lieu
....
plaats